Naiem Ahmadi Nejad Farsangi

Le kéfir est une boisson curative

Naiem Ahmadi Nejad Farsangi

Le kéfir est une boisson curative

كفير نوشیدنی شفا بخش

Éditions Vie

Cover image: www.ingimage.com

Publisher:
Éditions Vie
is a trademark of
Dodo Books Indian Ocean Ltd., member of the OmniScriptum S.R.L Publishing group
str. A.Russo 15, of. 61, Chisinau-2068, Republic of Moldova Europe
Printed at: see last page
ISBN: 978-613-9-59036-0

Le kéfir est une boisson curative

کفیر نوشیدنی شفا بخش

Naiem ahmadinejadfarsangi

Table des Matières

Introduction

Parmi tous les aliments qui font partie de l'alimentation quotidienne, le lait est classé comme une substance en raison de sa teneur élevée en nutriments, qui peut avoir un bon potentiel pour la croissance de divers micro-organismes. Par conséquent, l'une des méthodes pratiques pour le maintenir longtemps et obtenir de nouveaux produits consiste à y appliquer un processus de fermentation. Un exemple de plusieurs produits à base de lait de kéfir. Ce produit a certaines caractéristiques en termes d'arôme, de goût. On dit que le nom kéfir est dérivé du mot turc Keif, qui signifie se sentir bien après avoir bu ou ses effets bénéfiques potentiels sur le corps. Les graines de kéfir, qui contiennent des micro-organismes, sont en forme de chou-fleur, tranchantes, irrégulières et spongieuses, et se présentent sous la forme d'une masse gélatineuse et visqueuse, mais ferme et ont un diamètre de 1-6 mm et ont la taille d'un grain blé à une noisette. Ils sont de couleur blanche à jaune et insolubles dans l'eau. En raison de la production d'exopolysaccharide par les bactéries lactiques, qui est un liant visqueux, les cellules individuelles se lient les unes aux autres et forment un état granulaire. En plus du kéfir, les graines de kéfir contiennent d'autres glucides appelés glucogalactane, protéine de caséine et de nombreuses autres substances. La présence de grains de kéfir, qui contiennent un mélange de micro-organismes (bactéries lactiques et levures) dans le domaine des exopolysaccharides appelés kéfir et protéine de caséine de lait, le distingue des autres produits de fermentation. De plus, lors de la fermentation du contenu en vitamines, acides aminés (tryptophane, valine, leucine, isoleucine, histidine, méthionine, sérine, lysine), acide aspartique, sels (calcium, potassium, magnésium, phosphate), glucides (glucose) ont été rapportés. , Lactose, galactose) et des peptides. Selon les études, la quantité et le type de métabolites microbiens (acides gras libres, diacétyle et éthanol), la stabilité et la fermeté du produit et ses propriétés sensorielles sont liés au type de lait utilisé et le type de lait utilisé est plus efficace que le cultures de démarrage utilisées.En savoir plus sur les caractéristiques du produit.

Microstructures

Les micro-organismes contenus dans les graines de kéfir sont non pathogènes et certains d'entre eux sont classés comme probiotiques.Les levures sont Kefir trolpsis, Saccharomyces cerevisiae, Kleiuromycis marxianus, Kleiuromycis lactis, Saccharomyces kéfir, Candida lactose lactophile lactobactique lactobacillitique, Lactobactérie lactobacillitique, streptocoques lactiques mésophiles, leuconostoc et acétobacter peuvent être nommés. Les principaux producteurs de polysaccharides de kéfir sont les lactobacilles homoformatifs, notamment Lactobacillus kéfir et Lactobacillus kefirofasis. Comme mentionné, les probiotiques sont une autre bactérie importante trouvée dans les grains de kéfir. En plus des Lactobacillus, on peut citer les Bifidobactéries. Les meilleures propriétés probiotiques ont été observées chez Lactobacillus acidophilus et Lactobacillus kefirofacites. La fermentation alcoolique est également contrôlée par des levures de fermentation sans lactose et des levures de fermentation sans galactose.Les souches probiotiques du kéfir sont très résistantes à l'acide gastrique et aux sels biliaires ; Cependant, leur croissance est retardée dans ces conditions.

Composés biogènes : La présence de souches probiotiques dans le produit conduit à la production de composés biogènes. Les produits biogéniques sont des composés présents dans les aliments qui sont produits à partir de l'activité de micro-organismes qui ne contiennent pas la flore intestinale et qui ont des effets bénéfiques sur la santé. Les composés biogéniques les plus importants dans le lait fermenté peuvent être des peptides qui n'étaient pas présents dans le produit avant la fermentation. Lactobacillus plantarum est une souche qui a un effet positif sur l'inhibition des micro-organismes tels que Escherichia coli, Mycobacterium tuberculosis et

Bacillus socialis en produisant de la bactériocine lactine et est résistante à une large gamme de pH et à haute température (121°C pendant 20 minutes). L'action de ces bactériocines sur la cellule cible implique deux étapes distinctes, qui incluent l'adsorption sur les récepteurs à la surface de la cellule cible et les changements ultérieurs tels que la formation de pores membranaires.Produit des propriétés anti-tumorales similaires au kéfir. Types de substrats : Pour une étude spécifique de l'éther glucidique sur la croissance cellulaire dans un milieu de culture liquide mixte, il a été constaté que les monosaccharides sont mieux utilisés que les grains de kéfir que les disaccharides. En tant que source de carbone dans la culture du grain de kéfir, les micro-organismes peuvent être nommés parmi les disaccharides, le saccharose, le lactose et le maltose. Les résultats expérimentaux ont montré que lorsqu'un mélange de disaccharides était utilisé, le taux de croissance n'était pas très satisfaisant sauf lorsqu'une combinaison de saccharose et de lactose était utilisée. De plus, le maltose n'est pas utilisé en fermentation, et dans le cas des monosaccharides, le glucose et le fructose, lorsqu'ils sont utilisés seuls, sont davantage consommés par les grains de kéfir que lorsque leur mélange est utilisé. Le saccharose consommé est rapidement hydrolysé en glucose et fructose, et le glucose est consommé plus rapidement que le fructose, ce qui révèle la supériorité du glucose sur le fructose pour la flore microbienne du kéfir.

Ce qui contribue à créer les propriétés uniques du kéfir est l'équilibre symbiotique entre les micro-organismes dans le grain, de sorte que les levures dans les graines de kéfir jouent un rôle important dans le maintien de l'intégrité et la viabilité de la population microbienne et la production d'acides aminés et d'autres facteurs essentiels pour Les bactéries sont produites par les levures et sont utilisées par les levures comme source d'énergie pour les produits dérivés des métabolites bactériens. Bien que la fermentation soit initiée par les levures, leur vitesse de croissance diminue par rapport à celle des bactéries, et ce parce que les levures consomment plus d'oxygène que les bactéries lactiques. Par conséquent, avec l'augmentation de la concentration de dioxyde de carbone à la suite de la fermentation alcoolique, la teneur en oxygène diminue, ce qui peut également limiter la croissance des levures. Comment produire des graines de kéfir consiste à inoculer du lait pasteurisé dans des sacs en peau de chèvre avec une flore intestinale de mouton et après la formation de couches de polysaccharides à la surface des sacs contenant des graines de kéfir pour produire du kéfir Ajouter du lait de vache frais. Le kéfir est également produit en ajoutant 5% de graines de kéfir au lait qui a été pasteurisé à 85°C pendant 25 minutes puis homogénéisé et placé à 25°C pendant 24 heures. Produits issus de micro-organismes : Les principaux composés produits lors de la fermentation sont l'éthanol, le dioxyde de carbone, l'acide lactique, l'acide benzoïque, l'acide urétique et l'acétone. Le diacétyle et l'acétaldéhyde sont également des composés aromatiques. La quantité de dioxyde de carbone (3-0%), d'alcool (0-1%), d'acidité (1-06%), qui varie en fonction du type de levain utilisé, du type de lait et du temps de fermentation. La teneur en dioxyde de carbone varie en fonction du type de levain utilisé, du type de lait et du temps de fermentation. La teneur en dioxyde de carbone dans le produit final (environ 3%) est un indicateur important affectant les propriétés sensorielles du produit car sa présence conduit à un goût gazeux et agréable pour le consommateur. Le kéfir produit également des enzymes S-galactosidase et B-galactosidase. De toutes les levures isolées des graines de kéfir, Saccharomyces cerevisiae, une souche lactose-négative, est la plus active dans la production de dioxyde de grue. De plus, en raison de la présence de composés acides, sa consommation dans le tractus gastro-intestinal augmentera la concentration totale d'acide gastrique et aura un effet antimicrobien plus important sur les micro-organismes. Naturellement, la présence de tels composés efficaces dans l'arôme général de cette boisson fermentée y contribue de manière significative.

Effets sur la santé

En plus du goût agréable du kéfir, les effets sur la santé de certains d'entre eux ont été prouvés. À cet égard, il a été rapporté que le lait fermenté peut augmenter la réponse en augmentant les cellules productrices d'immunoglobuline A, en augmentant l'activité des macrophages, en augmentant la réponse d'anticorps spécifiques pendant l'infection et en stimulant le système immunitaire par les sphingomyélines dans leurs composés lipidiques. les mesures. De plus, il a été démontré que le traitement au kéfir réduit les effets secondaires dans l'épithélium intestinal des patients recevant une radiothérapie. D'un point de vue, la consommation de kéfir peut être considérée comme une boisson diététique adaptée notamment pour les sportifs, et d'autre part, elle peut être utilisée chez les enfants pour augmenter la lutte contre les maladies et faciliter la prise de poids. Les rayons ultraviolets de type C ont un effet négatif sur les systèmes biologiques et causent de graves dommages à la structure biologique en raison de leur énergie lumineuse élevée. Parce que ces ondes lumineuses sont bloquées dans la couche d'ozone, elles n'atteignent généralement pas la surface de la terre. Cependant, malgré la pollution de l'environnement, la création de grands trous dans la couche d'ozone et l'amincissement de cette couche, les dommages causés par les rayons ultraviolets ont augmenté, ce qui augmentera à son tour l'incidence et la prévalence du cancer de la peau. Il a été démontré que des facteurs importants dans les aliments quotidiens inhibent les facteurs mutagènes et cancérigènes. Les deux groupes de substances qui ont un effet inhibiteur sur une variété d'agents mutagènes sont les desmutagènes et les bioantigènes. Les desmutagènes sont des substances qui inactivent directement les mutants avant qu'ils n'endommagent l'ADN. Les bioantigènes sont des substances qui réduisent les mutations en augmentant l'activité de réparation de l'ADN ou en empêchant la réplication de l'ADN dans les cellules dont l'ADN est endommagé. Dans des études sur des cellules animales, il a été rapporté que le kéfir contient des substances qui peuvent protéger les cellules des dommages oxydatifs causés par les rayons ultraviolets. En d'autres termes, cette boisson contient des substances qui ont un effet antioxydant élevé et absorbent les radicaux libres intracellulaires résultant de l'oxydation. Il contient également des substances qui augmentent l'activité de réparation de l'ADN. Une autre étude menée en 2012 a montré que la présence de Lactococcus lactis comme probiotique en produisant des métabolites efficaces pourrait protéger les cellules eucaryotes des effets toxiques de Clostridium difficile. Mécanisme d'action du kéfir contre les agents oxydants : Deux mécanismes d'action de ces composés actifs ont été proposés pour réduire les substances résultant de la décomposition de l'oxygène intracellulaire, qui sont l'absorption directe de ces composés par le kéfir après être entré ou hors de la cellule, stimulant enzymes.Absorbant de ces composés tels que la superoxyde dismutase et la catalase. Il a également été rapporté que la lumière ultraviolette inhibe la croissance cellulaire et l'apoptose dans les cellules animales, dont la plus importante est la production de dimères de thiamine dans l'éther. À cet égard, l'extrait de kéfir a considérablement réduit ces dimères, et il est suggéré que son extrait contient des substances actives qui activent les voies de dégradation des dimères de thiamine. Étant donné que l'extrait de kéfir absorbe les ondes ultraviolettes, en particulier à une longueur d'onde de 280 nm, il peut prévenir les dommages et, par conséquent, son utilisation dans la production de produits cosmétiques pour la santé n'est pas inattendue. (kéfir) a également fait ses preuves. À cet égard, un exemple de méthode proposée pour séparer les infidèles des Les graines sont censées être lavées à l'eau bouillante distillée pendant une heure puis refroidies et centrifugées pour former un précipité. Le polysaccharide (kéfir) est dissous dans la composition liquide supérieure et précipité une nuit par ajout d'étatol froid à 4°C. Les particules en suspension sont dissoutes dans de l'eau chaude pendant une heure à 70°C et centrifugées à nouveau pour former et séparer le précipité final. Tous les cas positifs mentionnés faisaient partie des effets sur la santé du kéfir qui ont été mentionnés. Les autres effets bénéfiques majeurs sont les suivants : Renforcer le système nerveux et la relaxation grâce à la présence d'acides aminés essentiels comme le tryptophane et de sels comme le calcium, l'éther anticancéreux, accélérer la guérison de la tuberculose, abaisser le cholestérol et la tension artérielle, soulager l'athérosclérose Réduire la fatigue, soulager la dépression, traiter les troubles gastro-intestinaux (ballonnements, ulcères d'estomac, intolérance au lactose, aider à digérer les protéines, anorexie), améliorer la fonction rénale grâce à la présence de vitamines B, d'éther antidiabétique, etc. La fermentation du kéfir augmente sa valeur nutritionnelle. Ainsi, un certain nombre de lactobacilles peuvent produire des niveaux élevés d'acide lactique à partir de la fermentation du lactose. L'acide lactique a une activité optique et ses deux isomères (-) D et (+) L sont connus. Le corps humain manque de l'enzyme lactate déshydrogénase. Par conséquent, une consommation élevée d'acide lactique (-) D et son accumulation dans l'organisme peuvent présenter des risques pour la santé humaine. Pour cette raison, la présence d'acide lactique (-)D dans les industries alimentaires et pharmaceutiques n'est pas très appropriée et l'OMS a limité sa consommation. La production d'acide lactique résultant de l'activité de la microflore lactique rend tous les produits fermentés souhaitables pour les personnes génétiquement intolérantes au lactose. De plus, la croissance de levures et de streptocoques lactiques à fermentation hétérogène entraîne la formation de dioxyde de carbone, qui provoque la formation de croûtes, stimule la digestion des protéines et l'appétit. Bien que dans les produits à base d'acide lactique produits par des cultures pures de bactéries lactiques, la quantité de vitamine soit généralement réduite, mais dans le kéfir, l'activité des levures et des bactéries acétiques conduit à l'accumulation de vitamines B et de riboflavonoïdes. Le kéfir contient des vitamines, des minéraux et des acides aminés essentiels qui maintiennent la santé du corps et améliorent son fonctionnement. Le tryptophane est l'un de ces acides aminés recommandé en raison de son effet calmant sur le système nerveux et contient également des protéines absorbables complètes. Pendant la fermentation, la quantité de vitamine B1 dans la vitamine B12, de calcium, d'acides aminés, d'acide folique et de vitamine K dans le kéfir augmente. Les levures isolées du kéfir ont une activité antibiotique contre les bactéries intestinales. Le kéfir possède les propriétés antibiotiques les plus actives contre les bactéries intestinales. Les levures fermentant le lactose inhibent également la croissance des bactéries intestinales, mais pas les levures qui n'ont pas la capacité de fermenter le lactose. D'autre part, les polysaccharides se combinent facilement avec des composés toxiques et abaissent également le cholestérol sanguin.Les scientifiques ont réussi à séparer un polysaccharide des grains de kéfir appelés kéfir. Le kéfir avec ses propriétés améliorant la santé est utilisé comme additif fonctionnel. Cet exopolysaccharide a une activité antitumorale et antibactérienne qui stimule le système immunitaire gastrique et protège les cellules épithéliales contre les facteurs extracellulaires de Bacillus cereus. L'iner et le kéfir ont des propriétés antitumorales, antibactériennes et antifongiques et présentent une activité antimicrobienne contre les bactéries gram-positives, gram-négatives et un certain nombre de champignons. Certains rapports affirment que le kéfir combat les genres pathogènes Salmonella, Helicobacter, Shigella, Staphylococcus et Escherichia et a une certaine activité anti-inflammatoire. Parce que les levures jouent un rôle clé dans le kéfir, ce produit est différent des autres produits fermentés. Les levures sont d'excellentes sources de protéines de vitamine D, de certains acides aminés et d'autres composés complexes. Ils sont également utilisés comme source de nourriture chez les humains et les animaux. Les levures sont utilisées comme complément alimentaire par de nombreuses personnes présentant une carence en vitamine D en raison de leurs niveaux élevés de vitamines du complexe B. Le renforcement du système immunitaire et l'amélioration de la capacité de digestion, en particulier du lactose, sont une autre caractéristique. Les effets bénéfiques des produits fermentés dans la prévention de divers types de cancer, dont le cancer du côlon, sont importants. Le goût acide du kéfir et sa microflore indicative facilitent la sécrétion d'enzymes salivaires, gastriques et pancréatiques, augmentent la motilité gastro-intestinale et sont utilisés dans le traitement définitif de la constipation.

Elle est largement utilisée dans les hôpitaux et les maisons de retraite pour les troubles métaboliques, l'athérosclérose et les maladies allergiques, et même lorsqu'il n'y a pas de remède contre la tuberculose, le cancer et les troubles gastro-intestinaux, elle est recommandée aux patients hospitalisés. maladies intestinales, troubles métaboliques, hypertension, patients atteints d'athérosclérose. Les défis de la production de kéfir Comme mentionné, la grande variété de composition microbienne dure et complexe des grains de kéfir comprend environ 30 à 50 espèces de bactéries et de champignons.Bien que la structure complète des microstructures ne soit pas encore entièrement comprise, mais l'utilisation du kéfir sur mille ans dans endroits Différentes parties du monde indiquent que ces micro-organismes sont non pathogènes pendant longtemps. De plus, cette composition microbienne est stable et afin d'assurer la composition microbienne de l'apprêt, des amorces commerciales disponibles sur les marchés mondiaux peuvent être utilisées, qui ont une composition spécifique de microstructures.Provoque la production d'alcool par les levures dans les grains de kéfir. En raison du fait que la consommation d'alcool est interdite par la loi islamique, mais les grandes autorités, connaissant les propriétés très utiles et saines de ce produit, ainsi que la quantité enivrante d'alcool, ont déclaré la consommation de kéfir sans entrave . De plus, en présence de levures de fermentation non lactose et de levures de fermentation non galactose, la production d'alcool est naturellement contrôlée. D'autre part, la production d'alcool peut être contrôlée en modifiant la quantité de levures qui produisent de l'alcool dans le kéfir tant que les propriétés du produit ne sont pas endommagées.Le troisième défi est lié à la courte durée de conservation de ce produit. Étant donné que l'ajout de conservateurs n'est pas conforme à la réalisation de ses objectifs de santé, et également selon les recherches, le plus acceptable de ce produit dans des échantillons conservés jusqu'à une semaine, cela peut être éliminé en le consommant en peu de temps. . Tout sur le kéfir C'est une boisson au lait fermenté originaire des montagnes du Caucase en Russie. En Russie, il est utilisé pour traiter ou prévenir certaines maladies. Sur le plan thérapeutique et nutritionnel, il a été utilisé dans certaines parties du monde, en Asie du Sud-

Ouest, en Europe du Nord et de l'Est, en Amérique du Nord et au Japon. La consommation de kéfir s'est développée au fil des ans dans les anciennes républiques soviétiques de Hongrie et des Pays-Bas, et est bien connue en Suède, en Norvège, en Allemagne et en Finlande, et s'est bien développée en Égypte, en Australie et au Brésil, et de façon spectaculaire aux États-Unis et au Japon. . Selon certaines hypothèses, le kéfir a été découvert pour la première fois par les bergers nomades du Caucase à la suite de la fermentation du lait frais qu'ils transportaient dans leurs récipients en cuir. De plus, dans les montagnes du Caucase, le kéfir a été attribué à ses propriétés curatives. Les facteurs qui créent des propriétés sensorielles uniques dans le kéfir sont un goût aigre et revigorant et constituent une boisson laitière optimale. La concentration et la consistance du kéfir sont aussi minces que le yaourt. Les cornichons et les graisses de kéfir sont agréables et peuvent être mélangés avec du miel et d'autres fruits.

Le kéfir est une boisson populaire au Moyen-Orient et est un aliment diététique pour les personnes intolérantes au lactose qui peuvent digérer de grandes quantités de lactose. À la suite de la fermentation, la quantité de lactose dans le kéfir diminue et la quantité de bêta-galactosidase augmente. Les protéines du kéfir sont partiellement digérées et facilement autolysées dans le corps. Le tryptophane est un acide aminé essentiel du kéfir qui affecte le système nerveux. Le kéfir est aussi une boisson au yaourt et un produit tonifiant et un probiotique naturel. Le kéfir utilise des glucides, des graisses et des protéines pour aider à la croissance, au maintien et à l'activité cellulaire. La haute valeur nutritionnelle et sanitaire du kéfir est nombreuse, son utilisation est donc recommandée pour les nourrissons, les enfants, les femmes enceintes et allaitantes, les patients et les personnes âgées, et les personnes souffrant d'intolérance au lactose. Dans les hôpitaux russes, les patients sont traités avec du kéfir tous les jours pendant leur séjour à l'hôpital, ce qui est courant. En particulier, les nouvelles mères sont encouragées à manger du kéfir, et la plupart du temps, le kéfir est utilisé comme aliment pour bébé pour les enfants russes frais. Consommé à partir de lait. Amorces microbiennes utilisées Micro-organismes de kéfir; Ce sont des anticorps non pathogènes, gram-positif et gram-négatif, et de nombreux champignons ont un effet compétitif contre Salmonella et réduisent l'activité des enzymes fécales dans le système intestinal. De nombreuses bactéries du kéfir ne ressemblent pas aux bactéries du yaourt, tandis que les levures produisent du dioxyde de carbone. D'autres bactéries produisent une gomme visqueuse qui décompose tous les micro-organismes en morceaux gélatineux. De grandes quantités de lactobacilles et de saccharose sont utilisées pour produire du kéfir. Bien que l'excès de bactéries et de levures dans le milieu de culture soit élevé. Dans certaines sources, le kéfir est considéré comme un produit fermenté du lait et du Lactobacillus rhamnosus. graines de kéfir Les graines de kéfir sont un mélange de bactéries bénéfiques (Lactobacillus,

Lactococcus, Locunostok et Acetobacter) et de levures (levure lactose et levure non lactose) à l'état polysaccharidique. Les graines de kéfir ressemblent à des morceaux de chou-fleur ou de corail et à un chapelet de graines d'un diamètre de 3 à 20 mm. Les grains s'apparentent à de la gélatine blanche ou des particules jaunes et à une combinaison de 13 % en poids sec de protéines et de 24 % de polysaccharide, et le transfert du lait à température ambiante ou à 22°C entraîne une instabilité des grains de kéfir cultivés. La composition microbienne des graines de kéfir comprend; Les lactobacilles, les streptocoques, l'acide lactique et les levures sont comptés dans deux cultures par semaine pendant 7 semaines. Les graines de kéfir ont la capacité de croître et de se reproduire en permanence afin que leur population soit toujours stable. Les composés contenus dans les grains de kéfir sont sensibles à plusieurs éléments qui, s'ils y sont exposés, seront détruits ou réduits en population : 3. Tout matériau antipsychotique (même le chlore dans l'eau du robinet municipal a un effet négatif sur eux) 4. Chaleur (température élevée a un effet négatif sur eux et les détruit au point de chauffer) Ces grains ont des caractéristiques générales Ils sont antibactériens et antifongiques. Les graines de kéfir ne sont pas facilement disponibles et sont très chères. La composition chimique de la nutrition du kéfir Le kéfir est riche en vitamines, minéraux, acides aminés essentiels et protéines facilement digestibles qui aident à maintenir la santé. Le kéfir est également riche en vitamine B12, vitamine B1, calcium, acides aminés, méthionine, acide folique, vitamine K, magnésium, phosphore et cuivre, qui aident à autolyser les glucides, les graisses et les protéines, à développer les cellules et à produire de l'énergie. Principaux produits formés pendant la fermentation ; L'acide lactique est du dioxyde de carbone ainsi que des composés aromatiques tels que le diacétyle et l'acétaldéhyde, que l'on trouve en abondance dans le kéfir. Le principal polysaccharide du kéfir, qui est soluble dans l'eau, est connu sous le nom de kéfir et comprend les lactobacilles hémoformatifs ; Lactobacillus kefirofascens (L. Kefiranofaciens) et Lactobacillus kéfir (L. Kefir) sont des produits de ce polysaccharide. Le produit du kéfir est un extrait de Lactobacillus kefirano fascinas, qui est abondant dans toute la graine de kéfir et son centre. Alors que la population de Lactobacillus kéfir n'est présente que dans une petite zone de la couche superficielle. La composition du kéfir est variable et n'est pas bien connue et est liée à la source de matière grasse du lait, à la composition des grains ou au milieu de culture et à la technologie de traitement du kéfir.

Ressources

1. Saita T, Kuma Y, Bukawa N, Saga T, inventors;

Google Patents, assignee. Production process for

kefir-like fermented milk. 1991. 2. Schneedorf JM. Kefir D'Aqua and Its Probiotic

Properties. 2012. 3. Kooshafard Sh, Khosravi-Darani K, Danesh

Marnani M. Kefir and Evaluation of production of its fermented drink in Iran, First conference on application of biotechnology in industry and

Mining. Sharif University of Technology, Tehran,

2007; 138. 4. Harta O, Iconomopoulou M, Bekatorou A, Nigam

P, Kontominas M, Koutinas AA. Effect of various carbohydrate substrates on the production of kefir grains for use as a novel baking starter. Food

Chemistry. 2004:88(2):237-42. 5. Irigoyen A, Arana I, Castiella M, Torre P, Ibáñez F. Microbiological, physicochemical, and sensory

characteristics of kefir during storage. Food Chemistry. 2005;90(4):613-20. 6. M, Tamime AY, Muir DD, Barclay MNI. Properties of kefir made in Scotland and Poland using bovine, caprine and ovine milk with different starter cultures. LWT- Food Science and Technology 2001:34(4):251-61. 7. Antonopoulou G, Stamatelatou K, Lyberatos G. Biofuel Generation from Cheese Whey In a TwoStage Anaerobic Process. Conference Proceeding. University of Patras. 2008. 8. Siso M. The biotechnological utilization of cheese whey: a review. Bioresource Technology. 1996;57(1):1-11. 9. Khosroshahi A. Possibility of application of whey in Kefir Production, Third national congress on environmental health: environmental health

association of Iran, 1379; 377. 10. Santos A, San Mauro M. Sanchez A, Torres JM,

Marquina D. The antimicrobial properties of different strains of Lactobacillus spp. isolated from kefir. Systematic and Applied Microbiology.

2003;26(3):434-7. 11. Rodrigues KL, Caputo LRG, Carvalho JCT,

Evangelista J, Schneedorf JM. Antimicrobial and healing activity of kefir and kefiran extract. International Journal of Antimicrobial Agents. 2005:25(5):404-8.

16. Kermanshah RK, Moatar F, Shadzi Sh, Mahdavi M.

In vitro antibacterial and antifungal effects of Kefir.

Babol University of medical Sciences, 2001;11. 17. Cogan TM, Accolas JP. Dairy starter cultures. 1996. 18. Chen TH, Wang SY, Chen KN, Liu JR, Chen MJ.

Microbiological and chemical properties of kefir manufactured by entrapped microorganisms isolated from kefir grains. Journal of Dairy Science.

2009;92(7):3002. 19. Motaghi M, Mazaheri M. Moazami N, Farkhondeh

A, Fooladi MH, Goltapeh EM. Kefir production in Iran. World Journal of Microbiology and

Biotechnology. 1997;13(5):579-81. 20. Anfiteatro DN. Dom's Kefir-making in-site.

http://users.chariot.net.au/-dna Makekefir.htm;

2004 [15 Nov 2004]. 21. Farnworth E. Kefir-a complex probiotic. Food

Science and Technology Bulletin: Functional

Foods. 2005;2(1). 22. Beshkova DM, Simova ED, Simov ZI, Frengova

GI, Spasov ZN. Pure cultures for making kefir.

Food Microbiology. 2002:19(5):537-44. 23. Matsuu M, Shichijo K, Okaichi K, Wen CY,

Fukuda E. Nakashima M, et al. The protective effect of fermented milk kefir on radiation-induced apoptosis in colonic crypt cells of rats. Journal of Radiation Research. 2003:44(2):111-115.

Printed by Books on Demand GmbH, Norderstedt / Germany